Lb51 2143.

Lb51 2143.

PÉTITION

A LA

CHAMBRE DES DÉPUTÉS,

SUR

UN NOUVEL ORDRE ELECTORAL,

REPRÉSENTANT LES INTÉRÊTS POSITIFS DE LA SOCIÉTÉ.

Cette Pétition a été présentée à la Chambre en 1831, 1832 et 1833.

BIBLIOTHÈQUE ROYALE I

PARIS.

IMPRIMERIE ET FONDERIE DE RIGNOUX ET Ce,

RUE DES FRANCS-BOURGEOIS-S.-MICHEL, 8.

1834.

Lb51 2143.

Tout homme doit à son pays, à sa patrie ou au monde, ses idées et son expérience.

Les maux que nous souffrons sont les preuves de nos erreurs ou de nos vices.

AVANT-PROPOS.

Je dis qu'étudier la nature des choses,
c'est en déduire les funestes effets.

Comme le lecteur l'observera, ma pétition est faite sur les derniers temps de 1830, même avant il ne fut pas fort difficile de prévoir l'avenir. Aujourd'hui encore cet avenir se couvre de plus en plus, l'orage gronde; et les éléments d'irritation se grossissent au point que le moindre ébranlement peut faire tomber sur notre belle patrie tous les maux que l'erreur engendre et que l'égoïsme perpétue. Il n'y a qu'une nouvelle loi électorale qui puisse remettre les hommes et les choses à leurs places, c'est-à-dire satisfaire à la nature des penchants vers la vérité et la justice. Il n'y a qu'à agir d'après les idées primordiales qui ont amené la révolution de 1830. Prendre pour cela le *Moniteur*, saisir le véritable esprit de l'opposition de quinze ans, et le mettre en exécution par le développement des principes, en mettant en harmonie la loi électorale avec son esprit de représentation positive (non politique). Lier le commettant avec le député, tant par la forme du mandat que par celle de la Chambre; rendre par ce moyen l'indépendance à la Chambre des députés : en voilà assez pour que les conséquences soient toutes de bien.

J'ai été peut-être le premier à faire une pétition contre le système électoral actuel, je souhaite d'en être le dernier.

J.-D. JULLIAN,

Marchand drapier, électeur, payant à l'Etat, d'une manière directe ou indirecte, plus de mille francs par an.

Nîmes, le 1er mars 1834.

PÉTITION

A LA

CHAMBRE DES DÉPUTÉS.

Messieurs les Députés,

Depuis que le gouvernement représentatif est établi en France, l'exemple qu'il nous donne nous prouve qu'il n'a pas atteint encore l'assiette convenable pour que des débats parlementaires ressortent tous les bienfaits que nous avons lieu d'en attendre.

Le malaise est dans la forme même électorale, qui laisse le champ libre à chaque député ; de manière que pour les uns, l'électorat n'est qu'un marchepied pour les élever au pouvoir, au moyen des titres, des pensions ou emplois administratifs ; pour les autres, des sources d'irritation et de combats.

Si le délégué est à la convenance du pouvoir, combien il va être contraire aux intérêts du peuple ; et si, différemment, le député est dans l'intérêt du peuple, combien ne va-t-il pas contrarier le pouvoir ! De là des perturbations continuelles qui mettent les esprits dans un état d'irritabilité nuisible à la société.

Les différentes faces qu'a subies notre système électoral, et le malaise qu'il entretient, prouvent qu'il n'a pas encore été essayé dans le sens de l'intérêt (bien entendu de la Nation), puisque les mêmes défiances existent entre le pouvoir et le peuple, ainsi de même que la Chambre qui nous en donne l'exemple, au même point que, dès le commencement de son origine en France, où l'électorat était tout institué dans l'intérêt ou faces aristocratiques et de la gent politique; car les deux degrés et le double vote indiquent assez le sens qu'on y attachait. Alors s'éleva l'opinion de la presse et de la nation contre la haute aristocratie et contre la noblesse; mais les préjugés qui prédominent la gent privilégiée furent irascibles : une lutte s'ensuivit; des députés consciencieux crurent ramener le pouvoir ministériel vers la vérité en lui représentant de ses torts; une adresse fut conçue; elle irrita encore plus les conseillers de la couronne : bientôt après l'échafaudage de l'erreur s'écroula.

La révolution de 1830 créa la royauté citoyenne; Louis-Philippe monta sur le trône sous d'heureux auspices; la Charte consacra des libertés, le cens électoral fut abaissé à deux cents francs, et l'éligibilité à cinq cents; la diplomatie crut, en élargissant ainsi notre système électoral, avoir résolu (envers le pays) le problème des difficultés diplomatiques : il faut le dire, les libéraux croyaient aussi être plus avancés.

Cependant les mêmes difficultés existent encore ; le tiraillement est entre notre pays et le système ministériel ; un sourd murmure a lieu ; partout un cri de réprobation se fait entendre contre le fonctionnaire député et contre ceux qui, à tout prix, veulent avoir des places.

Penserait-on que le peuple se fâche sans motif, ou qu'il soit un malade imaginaire ? Croit-on que ce soit par intrigue ou des désirs ambitieux de ceux qui rêvent un mieux impossible, ou des idéologues qui croient que tout doit être façonné à leurs vues, ou enfin des maniaques qui ne peuvent ou ne seront jamais satisfaits ? On peut dire que voilà la réponse de ceux qui ont leur bonne part au gâteau ; voilà la réponse de ceux qui sont en belle et bonne perspective ; voilà la réponse de ceux qui ont bien dîné ; et si l'on veut leur faire observer que le nombre est grand de ceux qui n'ont pas bien dîné ; que le nombre est grand de ceux qui ont une triste perspective ; que le nombre est grand de ceux qui n'ont point de part au gâteau, on vous répond : Ce monde est livré aux plus adroits ; et si l'on insiste à leur faire voir la chose du côté sombre, du côté rembruni, et du côté de l'abîme, on vous répond : Eh bien ! après nous le déluge.

Telle est le caractère de notre politique, qui s'annonce sous de si graves prédilections, par le dépit même de ceux qui devraient, les premiers, faire éviter le mal en faisant le bien.

Hé ! à qui devons-nous de si grands maux ? Je ne crains pas de le dire : en grande partie à notre politique ministérielle, et de là à notre système électoral, et de là encore à nos lois et à nos mœurs.

Or, notre système électoral est tout entier politique par sa forme comme par celle de la Chambre des Députés : comment veut-on qu'on améliore les intérêts positifs, quand tout entraîne à parler et à agir dans le sens politique, et cela tant dans l'ordre de la nature du commettant comme de celle du député. En effet, les électeurs se divisent, dans le collége électoral, en légitimistes et en patriotes ; et lorsque le nombre des légitimistes est peu considérable, la division a lieu par deux camps, l'un appelé , *mouvement,* et l'autre *résistance ;* là l'opinion est encore bien tranchée ; et par combien de confessions de foi, par combien de promesses, par combien d'engagements le candidat ne promet-il pas, ne fait-il pas serment d'être fidèle au parti qui le porte au faîte du triomphe ; quelle gloire, quelle apothéose ne semble-t-il pas recevoir ; en lui-même quelle grande idée ne se fait-il pas de la députation! Au sens des électeurs, quel immense pouvoir ne délèguent-ils pas à celui qui va être leur représentant; mais aussi, quel avenir flatteur, quel espoir il conçoit : il se repaît d'espérances!

Cependant, que de méfaits et de mécomptes! que de professions de foi équivoques! que de promesses éludées! que d'engagements brisés! que de serments rompus, et que de fidélités trahies! Telles sont, en substance, les scènes du théâtre électoral.

Tant d'oscillations et de perturbations dans les idées et dans les esprits, ne font ici que les aigrir de plus en plus, et servent à aggraver la misère publique, sans porter remède à nos lois et à nos mœurs.

En effet, l'on voit le Député dont la nomination et le vœu libéral l'accompagnaient à la Chambre, qui, par sa seule présence dans une assemblée préparatoire, déplaît à quantité de ses commettants, à plus forte raison lorsqu'il va prendre place au centre; et puis arrive la discussion des principes, qui ne sont plus les mêmes de la profession de foi; puis viennent les amendements, qui sont contraires aux engagements de prendre l'intérêt des masses; ensuite les serments sont mis de côté; enfin le député est *libre*, et le pays n'a pas de représentant, sinon qu'un délégué, qui représente à merveille ses intérêts politiques à lui, tandis que le pays est délaissé, abandonné à la merci, le plus souvent, de l'intrigue.

Mais combien de Députés qui, sans rompre à leurs engagements, n'en dévient pas moins à l'objet principal de leur mission! combien d'autres, qui semblent en apparence tenir les promesses faites en public, votent par complaisance en faveur du pouvoir qui leur a procuré un emploi, sinon, à l'un de leurs amis ou à l'un de leurs parents! de là sorte, il est peu de Députés qui restent toujours fidèles à leur conscience ou à leur mandat.

Car, dans l'espace que dure le temps du mandat, que de moments favorables au pouvoir ministériel, pour engager le loyal Député! que de moyens de captation il peut employer pour le lier ou le perdre dans l'opinion de ses commettants, et se l'attirer pour tout le temps que dure le mandat! Et, de son côté, le député ministériel, quel avantage n'a-t-il pas en prenant seulement un peu l'intérêt local du département, et particulièrement de l'arrondissement, surtout l'intérêt réversible sur les membres les plus influents qui ont ou qui peuvent encore contribuer à sa réélection! Ainsi, pour quelques individus le bien-être matériel et moral de la société nationale est délaissé, ou passé sous silence, ou enfin ajourné ou renvoyé pour toujours.

Le pouvoir ministériel cherche trop à se lier avec les membres de la Chambre, pour que des Députés ne cherchent pas, de leur côté, à mettre à une haute faveur leurs suffrages; et pourquoi le ministère est-il si inquiet de la majorité, lorsqu'il ne peut parvenir à en être le guide? et pourquoi le ministère ne laisse-t-il pas l'indépendance aux mandataires de la Nation, et les soins de pourvoir eux-mêmes au pouvoir constituant, sans les influencer de tous leurs moyens?

A la première question, on sent facilement aujourd'hui le pourquoi des ministres. La politique, qui se compose de tant de secrets, et qui rehausse les airs de prééminence que l'on se donne, et le besoin de se faire accroire de grandes utilités; mais ce qui n'est pas le moins précieux, c'est un budget qui pourvoit à tout, même à ses amis, qui alimente un ton de vie et de faste si chatouilleux à conserver. Telles sont, en substance, les causes du pourquoi des ministres, travaillant dans leur propre intérêt, rarement dans l'intérêt de la société.

La seconde question se lie entièrement à la première, sous le point de vue de la pratique, qu'un ministère ne peut aller aujourd'hui sans l'accord des trois pouvoirs, et que sans cet ac-

BIBLIOTHEQUE ROYALE
I

cord le ministère ne saurait inspirer assez de confiance pour marcher, s'il n'avait pas dans la majorité les éléments de son système. De cette manière de voir et de pratiquer les affaires, naît la nécessité de se créer, par tous les moyens, une majorité qui est souvent factice; de là l'intrigue, les coteries, qui engendrent par amour-propre et surtout par conscience, une lutte d'opposition qui ne sort des règles parlementaires et de justice qu'en proportion du parti contraire qui s'éloigne de la vérité.

Si une partie du bien qui nous arrive d'un système électoral composé, dans le sens des hommes du pouvoir ministériel, provient seulement en raison de la crainte du soulèvement des masses, tandis que le bien, pour être progressif, ne doit être que le produit de bonnes actions calculées sur l'intérêt, bien entendu, de l'amélioration de la position humaine?

Pour pouvoir produire le bien, il faut avoir la conviction de l'œuvre qui la produit, ou le génie des bonnes intentions qui ne délaisse jamais ceux qui comprennent que l'homme a une destinée sur cette terre, celle d'être utile à la société, à la nature, et d'être agréable à Dieu.

Combien de Députés ne se sentent-ils pas le vide de l'incapacité; combien d'autres ne se sentent-ils pas entraînés par l'intérêt particulier qu'attire l'intrigue de coterie, de caste! Ainsi est oubliée ou mise de côté la mission de représentant.

On sent que le mot de représentant doit s'identifier avec celui qui s'en qualifie; en cela, il doit en son intérêt particulier, représenter celui du pays et de ses commettans; la plupart du temps, le Député est pour ainsi dire étranger par sa position ou son intérêt politique aux intérêts de ses commettans. En effet, le pays vignicole nomme le poëte ou l'académicien; mais quelle conviction apportera l'homme de la science dans la discussion des intérêts du pays? Connaît-il en pratique les entraves qu'apportent dans le commerce les droits réunis? Pourrait-il indiquer ou donner des idées justes qui puissent être appréciées par l'autorité, et surtout par le peuple? Peut-il donner les moyens-pratiques pour améliorer l'industrie agricole et tous les intérêts qui le rattachent à tous ses commettans? Ainsi il ne pourra satisfaire à toutes les exigences et à tous les besoins du mandat. Encore apporterait-il un esprit spécial sur chacune des questions qui le lient à tous les intéressés d'un arrondissement? Pourra-t-il discuter, approfondir la question dans le sens des fabricans du négoce ou de commerce? Ne satisfaisant qu'à une faible portion de ses commettans, il déplaira à la grande partie des esprits et à la société qu'il aigrira, d'autant plus qu'il deviendra homme politique en s'éloignant des idées primordiales des institutions.

Mais si le Député est agriculteur, aura-t-il l'esprit assez apte à toutes les parties des connaissances qu'exigent les affaires des finances, comme les emprunts, les négociations; aura-t-il la conception que nécessite la pratique des lois en matières commerciales, pour améliorer les franchises, les entrepôts et les douanes, enfin pour toutes sortes d'industries et de fabriques?

Si le Député est bourgeois, que pourra-t-il apporter de conviction pour perfectionner dans l'intérêt de cette grande masse agissante et dirigeante de la société; car l'homme qui ne s'occupe long-temps et fort long-temps d'une chose, ne peut déterminer ses facultés à lui donner par ses goûts les idées de génie. Comment le bourgeois peut-il apporter de la conviction, lui qui ne s'occupe que de vivre noblement?

Si le Député est avocat, il peut bien par les théories qu'il a des lois, apporter un esprit de connaissance généralisée, mais pas trop sensée, car il n'a pas la pratique qui diffère si essentiellement de la théorie: à cet effet, il créera des lois contraires au développement de l'agriculture, du commerce et de l'industrie; il en connaîtra bien les moyens pour les mettre en rapport du fisc, mais presque jamais elles ne concorderont avec le bien général et des progrès de la société.

Si le Député est un savant dans les sciences abstraites, quel esprit apportera-t-il dans l'application des finances, de l'industrie, du commerce et de l'agriculture? ne sera-t-il pas étranger au plus grand nombre de ses commettans? De la sorte qu'il ne sera lié presque en rien aux intérêts qui l'auront délégué: de toutes les manières pas de véritable représentation.

Si le Député est industriel, quelle connaissance apportera-t-il dans les lois se rattachant à l'agriculture et à toute autre propriété; de quel secours sera-t-il aux sciences, aux arts? et par conséquent peu de chose le liera avec les nombreux électeurs qui l'auront nommé député : ainsi pas de vrai représentant.

Mais comme il arrive très souvent que le mandataire n'est ni savant, ni industriel, ni agriculteur, qu'il appartient à la bourgeoisie, à l'état militaire ou aux employés du gouvernement, il ne représente donc aucun intérêt positif, sinon que son intérêt particulier à lui et à sa famille. On sent dans cette position de quelle utilité est nécessaire au vote des lois le Député, dont l'amour ne le rattache pas aux intérêts des masses.

Si, d'un autre côté, le département nomme dans un sens tout agricole, ne s'ensuit-il pas qu'un seul intérêt sera représenté; et il en serait de même si l'on nommait dans le sens industriel ou dans celui de la science, les autres intérêts resteraient en souffrance.

La Chambre des Députés sans liens fixes est sans cesse dans le contraste des intérêts qui se trouvent épars çà et là, ce qui engendre une confusion d'idées, qui nécessitent de la part du ministère la direction des esprits, par un système qui dévie, le plus souvent, les mandataires de la nature de leurs mandats. Ainsi par l'esprit de la députation faussé s'ensuit une lutte d'irritations qui se compliquent par l'ambition de pouvoir et des affinités de chaque hiérarchie, de manière que le ministère est sans cesse en haleine pour satisfaire à tant d'exigences, ce qui l'oblige à adoucir ou à captiver la plupart des Députés par les moyens des emplois : aussi la majorité ministérielle est presque toujours toute de faveurs qui s'opère par les démarches secrètes, par des offres de tentations dont le ministère possède à un si haut degré le privilége; par l'avancement des places, par des titres et des dignités honorifiques, par l'intéressement dans les fournitures dans les canaux et dans une infinité de cas où le Député ne peut résister; autrement on n'emploie que trop souvent les rigueurs des destitutions.

Ainsi beaucoup trop de représentans gardent

ce caractère, et Dieu seul sait comment vont les affaires du pays : quoique plusieurs honorables ne pensent pas aliéner leur conscience ou vendre leurs opinions, car on pense que le ministère apprécie votre mérite ; et d'ailleurs comment peut-on n'être pas de l'avis du ministère qui vous récompense! Ainsi s'incline vers le système ministériel une infinité de Députés qui produisent, le plus souvent, la majorité factice de la Chambre.

Dans cette position, la Chambre des Députés devient une arène où vont se débattre les passions des intérêts politiques, ce qui engendre le malaise qui tourmente la société, et qui la démoralise par le funeste exemple des sommités.

Il est encore temps de fermer la porte à tant de temps de perdu, à tant d'erreurs et de vices, qui dégradent, dans toutes les parties du corps social, les hommes et les choses; il n'y a que des formes nouvelles prises sur les différentes faces du vrai, qui peuvent faire surgir le bien en stimulant les bons esprits et en les liant en faisceaux. Mais s'il est vrai qu'il faille à tous les corps un équilibre pour que de cet ordre naisse l'économie, je dis pourquoi la Chambre des Députés ne présenterait rien de semblable? Pourquoi le Député rompt si souvent les serments qu'il fait à ses commettants? Pourquoi tant de déviations d'opinions et de principes d'une session à une autre, et

BIBLIOTHÈQUE NATIONALE R.F. IMPRIMÉS

souvent dans la même session ? Pourquoi tant de personnalités dans les discussions, et d'irritations et de désordre dans la Chambre ?

Je dis qu'à tant de maux qui correspondent et frappent à chaque individu et qui le mettent dans un état d'irritabilité ou de malaise, il faut un prompt remède. A cet effet, il n'y a qu'une nouvelle Chambre des Députés, reposant sur un nouveau système électoral (car les voies anciennes amèneraient les mêmes résultats du passé), qui élargisse, et surtout spécialise et pose sur les intérêts directs et positifs de la société, de sorte que chaque département ait un nombre égal de représentants de chaque intérêt, afin qu'aucun ne fût en souffrance : aussi la vraie représentation amènerait peu à peu et sans secousse, sans violence, les améliorations que nécessite le malaise de notre état social, et bien entendu que toutes les parties de la société y sont également intéressées à ce que, par la solution du problème, il en découle le calme et la paix, qui est si désirable dans l'état présent des esprits.

A cet effet, dis-je, je désire, je fais des vœux pour que mes idées, mes plans soient pris en considération par le peuple, et surtout par le Gouvernement, qui, d'un seul mot, peut prendre cette voie, qui est si sûre et si vraie à suivre, qu'il ne peut en arriver que du bien.

Je désire, 1° que la Chambre des Députés soit divisée par trois parties égales, où iront se placer (se placer) dans une les représentants de l'agriculture, dans une autre les représentants de l'industrie, et dans la troisième les représentants de la science.

2° La nouvelle loi électorale portera pour titre : Loi électorale des intérêts positifs de la Société.

3° Tous les Français de chaque département payant cent francs d'imposition, en exerçant la profession de cultivateur, nommeront deux (suivant la population) à trois députés des leurs, qui prendront le nom de représentant des intérêts agricoles.

4° Tous les Français de chaque département payant cent francs d'imposition, et exerçant les professions de négociant, commerçant, fabricant ou d'industriels, nommeront deux députés des leurs, qui prendront le nom de représentant des intérêts industriels.

5° Tous les Français de chaque département et qui exerceraient depuis trois ans les professions d'avocats, de notaire, d'instituteur et professeur de toute science libérale reconnue par l'État, nommeront deux députés des leurs, qui prendront le nom de représentant des sciences.

6° Tous les représentans recevront une indemnité de dix mille francs par an, payés par émargement aux cotes des électeurs, c'est-à-dire payé par les électeurs.

7° Le temps du mandat est fixé à dix ans ; cependant lorsque le cas aurait lieu où les électeurs auraient à se plaindre de leurs représentants, ils pourraient, la moitié plus un, former requête auprès du préfet, qui ferait dresser les listes et convoquer l'élection.

Le malaise des esprits qui tendent de plus en plus vers le mal, est en première ligne l'objet déterminant de mes observations, ensuite le point de vue qui porte mes désirs à chercher le remède qui m'occupe, autant dans l'intérêt d'une idée, d'une opinio uon d'un parti que d'un autre; le pauvre et le riche sont, à mes yeux, des hommes qui, sous les rapports divers, sont utiles aux besoins sociaux : il s'agit seulement de mettre en pratique leurs utilités.

J'ai vu dans nos colléges électoraux les dissidences des partis : l'un est carliste attaché au système déchu, l'autre est libéral attaché au système actuel; j'entends par mon système faire diversion aux esprits en leur fournissant l'aliment des intérêts, bien entendu, par la question des seuls vrais représentants de chaque intérêt groupés sur les besoins des facultés de l'homme.

Dans le parti libéral il y a plusieurs nuances d'opinions, de vues, qui tendent à s'irriter de plus en plus. J'ai pensé qu'en faisant porter les esprits sur la question des intérêts positifs qui touchent de si près l'homme et son ouvrage, j'ai pensé, dis-je, qu'il valait mieux amener les discussions et les opinions politiques vers l'intérêt bien entendu, que de les laisser aux prises dont les résultats ne peuvent qu'être des malheurs.

Voilà des vues, ne sont-elles pas saines? Mais on m'objectera, ce que vous pensez n'arrivera pas, et ne sera qu'un rêve, qu'une utopie.

Je réponds que, dans nos colléges électoraux, non-seulement l'on distingue les différentes couleurs et nuances bien tranchées des opinions que je viens de nommer, mais encore on distingue celles qui m'ont suscité mon projet; et certes ces opinions naissantes sont toutes stimulées naturellement par la position des intérêts; d'un côté, vous entendez la partie de la gent agricole vouloir un Député agriculteur, disant celui-ci au moins prendrait nos intérêts en votant l'abolition ou du moins l'amélioration des droits réunis, son intérêt serait lié et identique avec le nôtre; par conséquent tout se qu'il ferait dans son intérêt serait fait dans le nôtre : car qu'avons-nous à faire des avocats et des administrateurs qui ne se font nommer que pour avoir des places, qui engendrent les guerres, qui s'expliquent par le mot *ôte-toi de là que je m'y mette*; qui compromettent ainsi l'instabilité du gouvernement ?

D'un autre côté on entend les négociants, les fabricants, les industriels, dire : Est-ce que nous ne devrions pas songer à nommer un des nôtres, afin que le commerce fût représenté ? Ainsi, messieurs tel est notre homme, il jouit d'une grande réputation en probité et en finance ; celui-là est trop attaché à ses affaires pour vouloir une place : d'ailleurs laquelle pourrait le dédommager de ses bénéfices commerciaux ? par cela même il n'en voudra pas, et en cas de perte de temps qui nous empêche de l'indemniser ? Alors nous serons sûrs qu'il prendra à cœur nos affaires : ainsi nous ne pouvons pas faire de meilleur choix.

D'un autre côté l'on entend la voie d'un troisième intérêt, qui tâche d'attirer à lui la préférence des votes ; quantité d'électeurs disent : Notre candidat est le seul qui puisse représenter notre département, car il a la capacité requise, par la science qu'il possède, et par la variété de ses connaissances il sera placé en première ligne à la tribune ; et nous aurons l'honneur d'avoir donné à la Chambre l'homme qui sera un de ceux qui en feront l'ornement.

Le département n'aura qu'à se glorifier d'un pareil choix, car il apportera une conscience éclairée dans les discussions et dans les votes difficiles ou délicats.

Mais plus loin ce sont des voix qui dominent toutes les autres et produisent beaucoup de bruit et beaucoup d'irritation; car ce sont les voix des partis politiques. Les uns crient : Il nous faut un homme de la révolution, un homme qui ait fait ses preuves, qui porte avec lui le cachet de la confiance. Non, les autres disent : ce serait un révolutionnaire qui soulèverait toutes les passions et bouleverserait toutes les existences; non, il ne nous faut pas des hommes de cette trempe; il ne nous faut que des hommes modérés, de ceux qui aient beaucoup à perdre, des gens considérables par leur fortune et par leur rang, de manière à former une forte digue qui puisse résister au torrent.... Système de la peur, vous ferez toujours notre malheur, disent ceux qui sont du mouvement à ceux de la restauration. Vous voulez effrayer les timides par de grands mots; mais au fond du cœur vous ne pensez pas que nous soyons comme vous voulez le faire croire; vous ne pensez pas que nous soyons des hommes de sang, puisque nous n'en avons fait jamais répandre : d'ailleurs nous sommes révolutionnaires comme vous, et peut-être vous l'avez été plus que nous, puisque ce sont les principes que vous nous avez prêchés pendant quinze ans qui nous ont formés : ainsi donc cessez vos qualifications et soyez conséquents avec vous-mêmes, en nous menant où vous vouliez nous conduire, autrement vous nous forceriez à vous dire que vous étiez des ignorants ou de mauvaise foi; dans les deux cas nous n'avons rien de bon à attendre de vous, ainsi nous n'en voulons pas.

Fiez-vous au mouvement, disent les hommes de la résistance, il vous conduira à guerroyer et à soulever toute l'Europe contre nous; les intrigants! ils ont semé des vents et des tempêtes parmi les peuples qui ne demandaient que repos, et là des maux irréparables ont surgi, qui ont amené des guerres et de sang répandu et cela par leur ambition : les pervers! qu'ils soient sages s'ils veulent obtenir le pardon de leur complicité au mal.

Ah! que de maux nous causent les ventrus par leur politique de la peur! disent les hommes libéraux; sans eux la France serait entièrement libre et nous aurions pour amis les Polonais, les Italiens, les Belges et les Hongrois, les Savoyards, les Piémontais, la Suisse, l'Espagne, le Portugal, les provinces Rhénanes, la Saxe, et même les Prussiens qui n'aspirent et ne soupirent qu'à la liberté. Les égoïstes ont empêché les plus loyales sympathies de s'entendre; et pourquoi? Pour conserver des places, pour palper par les émolumens les fruits de la sueur du pauvre. Ah! belle France de juillet, où est ton avenir que tu te promettais en voyant tes belles couleurs et en entendant à chaque matin le chant du coq qui te rappelle de si enivrans souvenirs! O belle France, est-ce là tes destinées de tomber sous la main des doctrinaires et de devenir la pâture de tous les intrigants! Non, on ne nommera pas pour député un ventru : ça ne peut pas être ainsi: amis, rallions-nous.

Quand un grand nombre d'esprits prennent une autre manière de faire envisager les choses, car une voix est venue tout essoufflée du dehors en disant : Mes amis, je viens de voir le parti carliste, il est ferme et compte bien emporter la victoire; pour peu que nous restions divisés, c'en est fait de nos intérêts et de notre avenir : il est temps encore d'éviter l'orage; mais pour ça il faut faire trève à nos nuances d'opinions, il faut nous liguer tous contre le mal à quoi nous exposeraient nos diverses opinions ; ainsi pas de différents votes, que chacun se pénètre bien de ceci : il nous faut des hommes comme opinion moyenne entre toutes; il nous faut des hommes qui puissent faire de fortes dépenses, afin de rester indépendants du gouvernement; il nous faut des hommes qui n'effarouchent pas le parti carliste; il nous faut des hommes qui offrent, par leurs personnes comme par leurs connaissances et leur position sociale, des garanties à notre parti.

Ainsi a lieu l'alliance de la peur qui se trouve liée par les intérêts politiques dans le temps que l'élection des intérêts positifs aurait rallié tous les partis et toutes les opinions, en ralliant les partis et les opinions sur les hommes qui représenteraient le mieux les intérêts agricoles, d'un côté, pour l'autre ceux du commerce et de l'industrie, et pour le troisième ceux de la science.

Lorsque aucun intérêt ne serait en souffrance, chaque citoyen, quoique non électeur, regarderait le Député qui serait nommé représentant son intérêt, comme son député, étant identifié avec ses intérêts positifs. Certes, de la manière que je l'entends, tous les électeurs auraient aussi la même espérance. Or, je demande, est-ce sans résultat que l'homme est dans l'attente? Est-ce aussi sans raison que le Créateur nous a donné la foi? Ainsi donc, les formes qui nous donnent le plus d'espérance sans nous duper, doivent être les formes les plus avantageuses ou les plus favorables.

Combien d'espérances déchues si le député est carliste! combien de libéraux de toutes opinions qui perdent l'espoir de voir améliorer leur avenir agricole ou commercial! combien de philanthropes ne gémiraient pas sur l'espoir qu'ils avaient conçu du développement de leurs idées!

Si le Député est du mouvement, que de crainte de la part du parti de la résistance; que de projets ajournés, ou que de correspondances pour contrarier les vues de cette élection; que d'entraves suscitées; que d'irritation dans les esprits, et surtout que de politique pour faire échouer le plan de ce député!

Si le Député est de la résistance, que d'améliorations ajournées, que de projets mis à l'ordre du jour, que de plaintes étouffées ou écartées, que de faveurs accordées qui soulèvent les intérêts contraires! Ainsi combien d'irritations qui aigrissent les commettans avec les Députés, ou souvent les masses contre le gouvernement! De là s'aggrave encore plus le mal par la misère publique.

De quelque manière que tournent les chances à la députation actuelle, il ne peut y avoir état complet de représentation des intérêts positifs; de là il en résulte toujours les motifs d'oscillation, de plainte et d'égoïsme. L'irritation et la haine seront sans cesse en présence des hommes et des choses; la preuve la plus convaincante est l'expérience du passé, qui se reproduit par le présent et qui accumule des maux pour l'avenir.

Par mon système électoral, l'on pourrait grandir le nombre d'électeurs, sans crainte d'amener en question l'opinion politique d'égoïsme; d'un autre côté, le nombre, quoique prodigieux d'électeurs d'un intérêt de tout un département ne serait au chef-lieu du département au jour de l'élection que fort peu nombreux, par la raison toute simple que quand même le nombre des votans serait très-peu considérable, le candidat serait toujours pris dans le sens de l'intérêt de l'absent; et de là ressort le bienfait de cette forme électorale que l'absence ou la présence à l'élection n'en pouvait dévier les conséquences du bien.

Lorsqu'on trouve une issue à toutes les plaintes, à tous les motifs ou griefs des plaignants, il ne peut y avoir ni violence ni explosion, mieux lorsqu'on satisfait par la représentation à tous les intérêts des travailleurs, l'état de la sociabilité marche avec les progrès qui consolident l'ensemble de la civilisation.

Voilà pour l'élection, voyons maintenant l'avantage et les bienfaits de la députation à la Chambre.

La Chambre étant casée en trois parties égales, dont chacune contiendrait le même nombre de Députés représentant l'intérêt positif où sa nomination l'appellerait, ainsi tous les Députés agriculteurs iraient siéger à droite, tous les Députés industriels iraient à gauche, et les savans au centre; de manière que sans cesse chaque intérêt eût un nombre égal de Députés; ainsi les intérêts auraient également droit en avantages, aucun ne pourrait faire pencher la balance, que du moment où la discussion des vrais besoins de la société serait assez éclairée pour amener, au moins, deux parties ou deux tiers des votes au profit de la vérité. Or donc, la majorité serait imposante en cela dans les discussions les plus délicates et les plus difficiles, car presque toujours les discussions éclairées sur les trois faces d'intérêts amèneraient la fusion des parties intéressées à voter dans l'intérêt, bien entendu modifié, sur d'un chacun : tel doit être toujours lebut de toute transaction amicale.

Aucun intérêt ne pourrait léser l'autre, car en matière directe et positive l'homme est toujours assez éclairé pour reconnaître ses droits par le préjudice qu'il en souffrirait, et par la moindre déviation; car en fait de capacité, d'intérêt, la pratique rend maître, et l'homme a le bon sens de se bien conduire en ce qu'il a pratiqué pendant longtemps eu égard à sa position.

Ainsi donc, la balance toujours égale des intérêts, représentés par des Députés dont les intérêts seraient les mêmes de ceux des commettants, donnerait l'avantage par les discussions éclairées et approfrondies sous les trois faces, agricole, industrielle et scientifique; de ses discussions ressortiraient les vérités en rapport du bien général, par suite. l'adoption de ce qui aurait droit à la vérité. Tandis que, par la représentation des opinions politiques, une partie de la Chambre écrase l'autre ou l'empêche, le plus souvent, de développer les idées ou germes du bien, du moins la question n'est traitée que sous deux points de vue, celui de la politique, d'égoïsme ministériel, de coterie, ou d'opposition.

La Chambre casée en trois parties dans le système électoral amènerait un nombre égal de représentants, chaque intérêt aurait le même avantage de ne produire aucune irritation entre le délégué et le commettant, et surtout de donner place aux discussions de tous les vrais besoins moraux de la société, d'où découlerait l'amélioration nécessaire pour stimuler les intérêts en souffrance.

Par le système électoral que je soumets, la Chambre ne serait composée que des représentants des intérêts des travailleurs qui seraient liés par position aux masses, qui, par position, seraient attirés vers leurs représentants, les uns liés par leur propriétés, les autres par leurs industries, et enfin les autres par leurs professions scientifiques; et tous aussi par l'indemnité que les électeurs leur accorderaient : ainsi donc, l'intérêt politique que le ministère pourrait leur présenter ne saurait balancer le positif de leur position; d'ordinaire l'homme tient à l'œuvre qui lui procure un avenir, et d'ailleurs l'expérience nous a souvent appris qu'il vaut mieux tenir que d'espérer.

Une fois que la Chambre des représentants serait indépendante (il est à remarquer que cette indépendance aurait lieu par la force du système électoral et formerait à la Chambre des intéressés groupés de la manière compacte que j'indique), le ministère, quand bien même il voudrait agir par l'influence qui n'est pas trop souvent morale, il viendrait échouer contre la masse des représentants identifiée avec leurs intérêts propres.

La représentation nationale serait tout-à-fait indépendante du ministère et des intrigues; mais aussi le ministère ne serait plus obsédé de ce côté par des demandes de titres, d'emplois qui, aujourd'hui, le fatiguent et le contrarient beaucoup; car combien de fois le Député ne va-t-il pas, la plupart du temps, solliciter pour lui, mais aussi pour des amis, des parents! s'il réussit il ne le doit qu'à la position ministérielle qui a besoin de quelques votes de complaisance : ainsi le Député met sa conscience à la merci d'un ministre; car comment refuser un vote à celui qui ne lui a pas refusé un emploi? Voilà que quantité d'honorables Députés engagent leur indépendance, sans trop savoir ce qu'ils pourront refuser au pouvoir.

Le ministère serait par mon projet aussi indépendant que la Chambre, parce que les lois étant faites par la Chambre dépendante des intérêts nationaux, il s'ensuivrait que le ministère ne devant rien à certains Députés, ainsi il ne pourrait exister de complaisance de réciprocité : or le ministère indépendant ferait choix de ses agents parmi les capacités reconnues ; sans influence, ses choix tomberaient sur des hommes tels, qui, durant le temps de leur administration, ne dévieraient pas un seul instant de l'esprit des lois et de la ligne ministérielle ; par suite moins ou presque pas de destitutions et surtout d'irritation : ainsi beaucoup plus de capacités au pouvoir et de calme à la nation.

Le ministère sachant par ses agents toutes les difficultés à l'exécution des lois, les commissaires ou eux en feraient part à la Chambre afin d'y porter remède. Tandis que le ministère maîtrisant la Chambre, le pouvoir exécutif se trouve avoir en mains l'épée à deux tranchants, c'est-à-dire qu'il crée des lois et les exécute dans le sens de son propre intérêt, on sent de quelle manière se tournent les choses lorsque les hommes ont le pouvoir de créer et de diriger leurs actions dans un seul sens, celui de leur intérêt particulier.

Or, l'intérêt de la société est que les pouvoirs soient indépendants les uns des autres ; mais notre loi électorale est-elle assez bien instituée pour nous donner les vrais représentants ? La Chambre des Députés a-t-elle des formes propres à lier le Député avec ses commettants? peut-elle former des digues à l'empiétement ministériel? Malheureusement non : l'expérience nous prouve le contraire, car les maux que nous souffrons sont les preuves vivantes de ses erreurs.

Et comme tout mal nécessite son remède (à moins de laisser aggraver de plus en plus la maladie), il faut procéder à un nouvel ordre électoral qui sépare distinctement les pouvoirs, leur rendant à chacun leur force morale qui doit réagir dans le sens national.

Chaque pouvoir agissant dans l'orbite de ses attributions, et chaque agent dans la sphère des lois, il s'ensuivrait moins (pour ne pas dire plus) de froissement dans la machine sociale, par suite moins de maux et plus de bienfaits rendus à l'humanité; une fois sur la route du bien, les conséquences qui en découlent rendent faciles les connaissances à chaque individu de l'ordre qui préside aux progrès, et par les bons résultats l'homme s'attache aux institutions qui lui procurent le bien-être : ainsi le mal n'a pas de prise sur la vérité, parce que la somme de bien activée présente un aliment à la généralité des esprits.

De l'indépendance de la Chambre naîtrait celle

du ministère, et le ministère libre n'ayant pas à diriger l'esprit, ni les votes, ni les lois, ni les consciences des Députés, aurait bien le temps de penser et d'étudier la politique étrangère, ainsi que de faire exécuter les lois; les commissaires à la Chambre des Députés seraient là comme conseillers du pouvoir exécutif, en même temps pour s'empreindre de l'esprit primordial des lois, afin d'en éclairer le pouvoir dans l'intérêt du pouvoir même, comme dans celui de la Nation.

La Chambre, libre et indépendante de tout pouvoir hors de son sein, ne prendrait d'inspiration que dans la Nation où elle se recruterait par l'avis et le droit de la majorité électorale. La Chambre, libre de faire ou de refaire les lois si le mal en avenait, n'aurait aucun reproche à faire aux autres pouvoirs, par cela même le pouvoir exécutif ne serait responsable que dans le sens où la loi aurait été mal appliquée, car par l'exécution de la loi dans le sens que lui aurait donné le législateur, il ne peut encourir une peine que la Nation serait censée lui commander impérieusement dans l'intérêt de tous. Partant la représentation ne pourrait ainsi faire des lois qu'au profit des intérêts bien entendus de la société, parce que les représentants seraient identifiés, par position, à l'intérêt de la généralité des masses.

Je me résume, en faisant un appel à tous les

propriétaires fonciers, agriculteurs, en leur disant et en les engageant à étudier mon système, et vous trouverez par la suite de la représentation de l'agriculture, en en faisant un foyer de vos connaissances, le véhicule qui amènera à la plus utile des découvertes, celle de connaître à quoi est destiné l'homme sur cette terre.

Vous, négocians, commerçants, fabricants industriels, étudiez les avantages de votre représentation aux votes des lois et de votre réunion compacte, et de votre alliance avec votre aînée l'agriculture; ensemble vous ferez des lois utiles à toute la Nation, car vous êtes les premiers et les plus nombreux entre les intéressés.

Vous, savans, laborieux artistes, vous, médecins, avocats, notaires, instituteurs, etc., vous serez placés au centre de la Chambre en donnant la main à l'agriculture d'un côté, et de l'autre à l'industrie; vous scellerez de cette manière l'alliance de la trinité représentative par le corps, l'esprit et l'âme de la société, de la sorte que votre nature hétérogène formera un tout homogène de vue et d'intérêt qui, liés par votre triple alliance, sera indissoluble.

Car ainsi constitués vous ne pourriez souffrir aucun corps étranger contraire aux intérêts nationaux et sociaux : telle est l'alliance du vrai qui produit le bien par ses parties intéressées, qui s'élèvent par des progrès équilibrés sur la nature des choses et des hommes.

Ainsi composée la Chambre des Députés formera, par l'alliance des intérets bien entendus, des faisceaux de lumière, d'où jailliront le bien tout en éclairant le monde.

Je livre aux méditations des grandes puissances quelques mots :

La révolution de Juillet ayant exaucé providentiellement les voeux de l'opposition de seize ans; mais ne laisse-t-elle rien à désirer? tous ses vœux sont-ils accomplis ? n'en reste-il plus à satisfaire? le peuple n'en forme-t-il pas de nouveaux ? l'ordre est-il en progrès? les progrès sont-ils équilibrés sur le mérite de l'utilité? les mœurs s'améliorent-elles ? y a-t-il dans les progrès autant de sagesse et de santé que de richesse matérielle? l'ambition n'est-elle plus à l'ordre du jour? les maux et les désordres ne sont-ils plus des signes précurseurs de la tempête qui pervertit les éléments du bien? Quand est-ce que les hommes et les choses seront mis à leur place et que tout concourra à l'œuvre de la destinée de l'homme sur cette terre?

Hommes puissans, répondez : oh! que votre tache est grande!

BIBLIOTHÈQUE ROYALE

114

www.ingramcontent.com/pod-product-compliance
Ingram Content Group UK Ltd.
Pitfield, Milton Keynes, MK11 3LW, UK
UKHW020500230726
13925UKWH00005B/2050

9 782019 276690